Ce livre appartient à :

Casterman
Cantersteen 47
1000 Bruxelles

www.casterman.com

ISBN : 978-2-203-10733-5
N° d'édition : L.10EJCN000522.C003


Achevé d'imprimer en septembre 2017, en France par Pollina - 82264.
Dépôt légal : mars 2016 ; D.2016/0053/107
Déposé au ministère de la Justice, Paris (loi n°49.956 du 16 juillet 1949 sur les publications destinées à la jeunesse).

# Carnet pratique



Vue sur le Grand Canal CATARINA BELOVA/SHUTTERSTOCK ©

# Avant de partir

## Hébergement

- À Venise, la plupart des hôtels occupent des résidences d'époque, souvent du XVIIIe siècle. Ils sont assez souvent luxueux et coûteux, comme bon nombre d'hôtels de charme qui proposent en général peu de chambres, mais très soignées, disposées autour d'une cour. L'afflux de touristes fait vite grimper les prix le week-end. L'ensemble de la ville étant d'un charme incroyable, même loin de la place Saint-Marc, il suffit de chercher un peu pour trouver un bon rapport qualité/prix. Pour les séjours d'une durée moyenne à longue, l'appartement reste la meilleure option et vous n'aurez que l'embarras du choix à Venise. Certains hébergements sont plus abordables : pensez aux auberges de jeunesse (de qualité), aux résidences universitaires qui ouvrent leurs portes aux touristes en été, mais aussi au tout petit camping situé au Lido.
- À Venise, la basse saison commence avec les premières marées hautes (*acqua alta*) de novembre et s'achève avant le carnaval. À cette période, vous pourrez obtenir des réductions sans avoir à réserver très à l'avance.

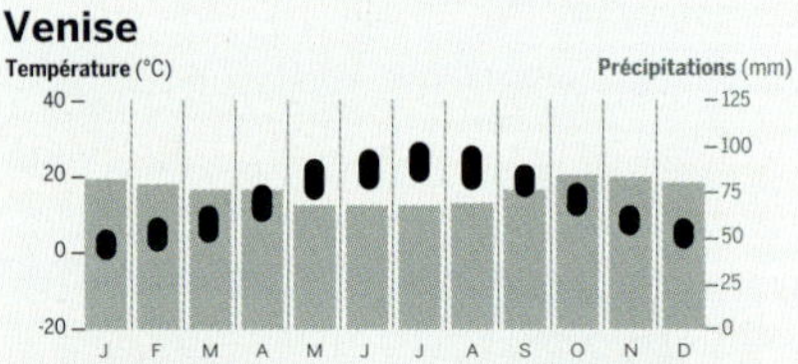


## Quand partir

- **Printemps** Un climat idéal : en avril-mai, la lumière est incomparable.
- **Été** Chaleur et foule. Toutefois, le climat est variable et après une journée ensoleillée, il n'est pas rare qu'une averse tombe en soirée.
- **Automne** Hormis le mois de septembre, durant lequel la ville est d'une beauté saisissante, c'est la saison de la montée des eaux, souvent liée à des vents forts.
- **Hiver** L'humidité aidant, l'hiver est froid, mais il neige rarement.

## Sites Internet

**Lonely Planet** (www.lonelyplanet.fr). Infos sur la destination, forums.

**Regione Veneto** (www.veneto.eu ; en français). Site officiel de la région. En bas de page, dans la rubrique "Planifiez votre voyage", cliquez sur "Où se loger".

**Destination Italie** (www.destination-italie.net). Une agence française proposant différents types de locations.

## Petits budgets

**Locanda Silva** (www.locandasilva.it). Un coin tranquille, juste derrière San Marco.

**Locanda Sant'Anna** (www.locandasantanna.com). Un décor de carte postale d'antan dans un recoin de Castello.

**Generator Hostel** (staygenerator.com/). Superbe auberge de jeunesse historique de la Giudecca (p. 96).

## Catégorie moyenne

**Palazzo Schiavoni** (www.palazzoschiavoni.com). Une résidence d'époque à Castello.

**Locanda del Ghetto** (www.locandadelghetto.net). Une ancienne maison du Ghetto pour respirer l'atmosphère de ce quartier.

**Hotel Ca' Formenta** (www.hotelcaformenta.it). Petit palais du XVe siècle à Castello.

## Catégorie supérieure

**Hotel Flora** (www.hotelflora.it). Charmant hôtel doté d'un jardin verdoyant.

**La Calcina** (www.lacalcina.com). Hôtel d'époque le long des grands quais.

**Hotel Continental** (www.hotelcontinentalvenice.com). Une adresse stratégique, proche de la gare et confortable.

# Arriver à Venise

## Avion

- Situé à 12 km de Venise, à l'est de Mestre, l'**aéroport Marco Polo di Venezia Tessera** (VCE ; ✆041 260 61 11 centrale /041 260 92 60 informations sur les vols ; www.veniceairport.it ; Viale Galileo Galilei 30/1, Tessera) est l'aéroport principal pour les vols européens comme pour les vols internationaux. Les compagnies low cost atterrissent à l'**aéroport Antonio Canova de Trévise** (TSF ; ✆0422 31 51 11 ; www.trevisoairport.it ; Via Noalese 63), situé à 36 km de Venise.

## Depuis la France

- **Air France** (www.airfrance.fr) propose des vols directs réguliers Paris-Venise, à partir de 100/130 € l'aller-retour en tarif light/économique. **Ryanair** (www.ryanair.com/fr) commercialise des vols quotidiens entre Paris-Beauvais et l'aéroport de Trévise, à partir de 35 € l'aller-retour sans bagage en soute et 3 vols par semaine au départ de Bordeaux à partir de 50 € dans les mêmes conditions. **Easyjet** (www.easyjet.com/fr) dessert aussi Venise depuis Paris-Charles-de-Gaulle et Paris-Orly ainsi que Lyon et Nice. Quant à **Transavia** (www.transavia.com), elle propose quelques vols au départ Paris-Orly et de Nantes.

## Depuis la Belgique

- **Brussels Airlines** (www.brusselsairlines.com/fr-be/) assure des vols directs pour Venise à partir de 100 € aller-retour sans bagage en soute. **Ryanair** (www.ryanair.com/be/fr) dessert Trévise au départ de Bruxelles-Charleroi à partir de 50 € aller-retour, sans bagage en soute.

## Depuis la Suisse

- **Easyjet** (www.easyjet.com/ch-fr) propose des vols depuis Bâle ou Genève. Les tarifs les plus intéressants débutent à 50 CHF sans bagage en soute. **Swiss** (www.swiss.com) relie Zurich à Venise à partir de 120 CHF l'aller-retour avec un bagage à main.

## Depuis le Canada

- Air Canada (☎ 1 888 247 2262 ; www.aircanada.com) propose en haute saison des vols sans escale depuis Montréal (8 heures aller, 8h45 retour). Comptez un minimum de 1 200 $CAD l'aller-retour.

## En bus

Les principaux bus longue distance ont leur terminus sur l'Isola Nuova del Tronchetto et sur le Piazzale Roma.

- **FlixBus** (www.flixbus.fr ou www.flixbus.ch) propose des départs pour Venise de plusieurs villes italiennes et européennes. Comptez un trajet minimal de 16h30 pour un Paris-Venise.
- **Arriva Veneto** (whatsapp ☎ 334 604 52 76 🕒 8h-19h lun-ven, 8h-13h sam ; www.arrivaveneto.it ) relie Venise à Sottomarina, Chioggia Mestre, Marghera et à l'aéroport Marco Polo.
- **Azienda del Consorzio Trasporti Veneziano** (☎ 041 041 ; 🕒 centre d'appel 8h30-17h ; www.actv.it). En charge des transports publics de la commune de Venise (bus desservant diverses localités en dehors de la ville et les *vaporetti*).
- **Azienda Trasporti Veneto Orientale** (☎ 0421 59 44 ; www.atvo.it). Dessert la Vénétie orientale et relie les aéroports de Venise et de Trévise.

## Voiture et moto

Un réseau routier d'autoroutes, de nationales et de routes régionales permet d'accéder facilement à Venise. Les autoroutes de référence sont : l'**A4 Torino-Trieste** (la Serenissima), souvent embouteillée, qui passe par Mestre (sortie Venezia) ; la **A22 Brennero-Modena** (sortie Verona, puis A4) ; l'**A13 Bologne-Padoue** (sortie Padova) ; et l'**A27 Belluno-Venise**. Les routes nationales qui mènent à Venise sont la SS13 Pontebbana, la SS14 della Venezia Giulia et la SS309 Romea. Signalons également la route régionale SR11 Padoue-Venise. Une fois arrivé sur le Ponte della Libertà, à Mestre, vous devrez obligatoirement laisser votre voiture dans un des parkings du Piazzale Roma ou sur l'Isola del Tronchetto. Le ferry n°17 pour le transport des véhicules fait la navette de l'île du Tronchetto au Lido (13-26 € par véhicule selon le modèle, plus un billet pour le conducteur et les passagers).

- Des sources utiles pour l'organisation de votre voyage : l'**ACI – Automobile Club d'Italia** (informations ☎ 06 499 81, Assistance routière pour les membres et les clients de l'ACI ✆ 803 116 ; www.aci.it ) ; **Autostrade per l'Italia** (www.autostrade.it) ; **Isoradio** (FM 103.3 ; www.isoradio.rai.it).

## Parkings

Les parkings de Venise se situent sur le Piazzale Roma ou sur l'Isola del Tronchetto. Aux heures de pointe, les places se font rares : certains parkings proposent un service de réservation en ligne.

Il revient moins cher de se garer à Mestre puis de prendre le bus (1,50 €) ou le train (1,40 €) pour rejoindre Venise.

○ **Autorimessa Comunale** (✆ 041 272 23 94/041 272 23 95 ; https://avm.avmspa.it/ ; Piazzale Roma ; 35-15 €/jour/soirée, réduction en ligne ; 🕑 24h/24). Le plus grand parking (2 182 places pour voitures et 300 pour deux-roues) du Piazzale Roma. Réservation en ligne possible ; 12 heures gratuites pour les personnes handicapées (14 places disponibles).

○ **Garage Europa Mestre** (✆ 041 95 92 02 ; www.garageeuropamestre.com ; Corso del Popolo 55, Mestre ; 15 €/24 heures, divers tarifs horaires, à partir de 2,50 € la première heure ; 🕑 8h-22h). Pour rejoindre Venise, les bus nos 4 et 4L de la compagnie ACTV ont un arrêt devant ce parking couvert qui se trouve à 10 minutes à pied de la gare de Mestre.

○ **Tronchetto Parking** (Parcheggio del Tronchetto ; ✆ 041 520 75 55 ; www.tronchettoparking.it ; Isola del Tronchetto ; 3 €/8 €/14 €/22 € jusqu'à 1 /2 /3 /24 heures ; 🕑 24 h). Plus grand (3 957 places) et plus économique pour 24 heures que le parking du Piazzale Roma. Après le Ponte della Libertà, suivez les indications pour Tronchetto. Du parking, un *vaporetto* conduit à la place Saint-Marc. Le monorail People Mover dessert le Piazzale Roma avec un arrêt près de la gare maritime.

## Train

Si vous ne venez pas de trop loin, il est très agréable et pratique de se rendre à Venise en train. La **gare Venezia Santa Lucia** (Fondamenta Santa Lucia) donne sur l'extrémité ouest du Grand Canal. Il s'agit de la plus grande gare ferroviaire de la région, qui dessert les principales villes italiennes et certaines destinations internationales. Elle est aussi desservie par les trains à grande vitesse de Trenitalia (www.trenitalia.com) et d'Italo (www.italotreno.it) en provenance de l'Italie centre-sud, de Suisse (www.ffs.ch) et des chemins de fer autrichiens ÖBB (www.obb-italia.com). Attention, la **gare Venezia Mestre** (Viale Stazione) se situe sur la terre ferme, à 10 minutes en train de la gare de Venezia-Santa Lucia par le Ponte della Libertà.

## Depuis la France

○ Malheureusement, il n'existe plus de liaison directe entre Paris et Venise. Les amoureux du rail doivent désormais prendre

## Lignes touristiques

La linea verde (041 240 17 01 ; www.alilaguna.it ; aller simple/aller et retour 10 €/18 €) permet de faire des excursions vers les principales îles du Nord (p. 173). La compagnie Venetiana (www.venetiana.it) dispose de deux lignes à arrêts multiples. La ligne A relie Santa Lucia, Tronchetto, San Marco, le Zattere et Murano, la ligne B relie Punta Sabbioni à Murano, Torcello et Burano. Montez et descendez quand vous le souhaitez avec des billets 24 heures (tarif plein/réduit 20 €/10 €) et de 48 heures (27 €/13 €). À acheter en ligne.

un TGV direction Milan et changer pour Venezia Santa Lucia. Compter environ 12 heures de trajet avec une correspondance et une moyenne de 100 € l'aller en réservant très longtemps à l'avance. Il est aussi possible de prendre un train pour Munich, avec changement à Francfort (5 heures 30 de trajet) puis un train de nuit direct pour Venise. Compter 120 €. Plus d'informations sur **SNCF Connect** (www.sncf-connect.com/), **Trenitalia** (www.trenitalia.com) et **DB** (www.bahn.com/fr).

## Depuis la Belgique

- Il n'existe pas de train direct entre la Belgique et Venise. Pour avoir le plaisir d'arriver à Venise par la gare Venezia Santa Lucia, ralliez Paris d'où partent des trains pour Milan puis Venise (ci-dessus).

## Depuis la Suisse

- La **CFF** (www.sbb.ch/fr/) propose chaque jour un train direct de Genève à Venezia Santa Lucia (à partir de 70 CHF l'aller). De Zurich et Bâle, le plus court consiste à passer par Milan.

## Depuis/vers les aéroports de Venise

- Les **bus** de la compagnie **ATVO** (0421 59 46 71 ; www.atvo.it) assurent la liaison entre l'aéroport Marco Polo et le Piazzale Roma (10/18 € aller/aller-retour, 20 min). La ligne n°5-AeroBus d'**ACTV** (041 041 ; www.actv.it) effectue le même trajet (10 €, environ 20 min).
- **Barzi Bus Service** (www.barziservice.com) propose une navette directe de l'aéroport de Trévise jusqu'au parking du Tronchetto (10 €, 40 min, 8h-20h50 vers Venise et 6h-19h30 vers Trévise, 1 ou 2 bus/heure), d'où prendre le monorail People Mover pour le Piazzale Roma. Celle d'**ATVO** (www.atvo.it) passe par Mestre et mène au Piazzale Roma (12 €, 1 heure 10, 7h30-22h20 vers Venise, 4h30-19h vers Trévise, 1 ou 2 bus/heure).
- **Bateau-taxi** Le **Consorzio Motoscafi** (041 240 67 12 9h-18h lun-ven, 041 522 23 03 18h-9h lun-ven et minuit sam et

dim ; motoscafivenezia.it) propose un service de bateaux-taxis depuis/vers la ville. Le tarif de l'aéroport à la gare de Venezia-Santa Lucia est de 122 € jusqu'à 4 personnes ; de 5 à 10 personnes (au maximum), comptez un supplément de 10 €/pers.

- **Vaporetto Alilaguna** (☎041 240 17 01 ; www.alilaguna.it).Trois lignes (bleue, orange et rouge) relient l'embarcadère de l'aéroport (à 8 min à pied du terminal) et plusieurs quartiers de Venise (8-15/15-27 € aller/aller-retour, de 45 à 90 min selon la destination). Le prix comprend un bagage et un sac à main. Les billets Alilaguna s'achètent en ligne (prix légèrement inférieur) ou dans les kiosques à journaux et bureaux de tabac agréés.

**Linea Blu** (ligne bleue). Dessert la Ferrovia, le Lido, San Marco, la Giudecca et les grands quais (Zattere).

**Linea Arancio** (ligne orange). Dessert Santa Maria del Giglio et Guglie (gare ferroviaire), le Rialto et la Ca' Rezzonico.

**Linea Rossa** (ligne rouge). Dessert la gare maritime et San Marco, Murano et le Lido.

### Depuis/vers la Stazione Marittima

Les passagers qui débarquent des navires de croisière à la **Stazione Marittima** (Venezia Terminal Passeggeri ; www.vtp.it) peuvent emprunter la Linea Rossa Alilaguna, qui relie le terminal aux arrêts Giudecca Stucky, Giudecca Zitelle, San Marco, San Zaccaria, Arsenal, Lido, Murano et Aéroport (8-15 € selon la destination), et à celui du monorail People Mover, qui en 3 minutes conduit du terminal au Piazzale Roma, d'où partent les *vaporetti*.

### Entre l'Isola del Tronchetto et le Piazzale Roma

L'Isola del Tronchetto et le Piazzale Roma sont reliés par le monorail **People Mover** (avm.avmspa.it ; 1,50 € ; ⌚7h-23h lun-sam et 8h-22h dim avr-oct, 7h-23h lun-sam et 8h30-21h dim nov-mars), avec un arrêt intermédiaire près de la Stazione Marittima.

## Comment circuler

### À pied

- Pour marcher à Venise, mettez des chaussures confortables avec de bonnes semelles pour ne pas glisser sur les ponts et les rives des canaux.

### Gondole de traghetto

Depuis les divers embarcadères (*stazi*) de la ville, tous indiqués par le panneau Traghetto, les passagers peuvent traverser le Grand Canal à bord d'une gondole spéciale (barque de *traghetto*, de traversée, 2 €). Ce service, pratique là où il n'y a pas de ponts, a des horaires variables selon les arrêts (horaires sur www.comune.venezia.it/it/content/traghetti-parada).

## Vaporetto

**ACTV** (☎041 041 ; www.actv.it) gère les *vaporetti*, le principal mode de transport en commun à Venise. En cas de doute sur les horaires et les arrêts, demandez à l'employé qui aide les passagers à monter et à descendre du bateau et téléchargez l'application pour smartphone CheBateo? ou consultez le site https://m.chebateo.it.

## Billets

Les billets ACTV sont en vente auprès des billetteries et des agences **Venezia Unica** (www.Veneziaunica.It), chez les vendeurs agréés et aux billetteries automatiques sur certains quais. Vous pouvez acheter vos billets sur le site de Venezia Unica.

Tous les billets sont valables sur les *vaporetti*, les bus urbains et le monorail People Mover. Plutôt que d'acheter un aller simple à 9,50 € (1 heure 15), sachez qu'un billet touristique donne droit à un nombre illimité de trajets en *vaporetto* pour une période donnée (25/35/45/65 € pour 24/48/72 heures/7 jours).

Le billet **72 heures jeunes Rolling Venice** coûte 33 € à condition d'être en possession de la carte Rolling in Venice (p. 213 ; 6 €).

Pensez à composter votre carte à chaque montée à bord.

## Lignes principales

**Lignes n°1 et 2** Elles parcourent notamment le Grand Canal, de Tronchetto au Lido et vice versa (la ligne n°2 va de Tronchetto à San Marco en passant par le canal de la Giudecca).

**Lignes n°4.1, 4.2, 5.1, 5.2 et 6** Lignes faisant le tour de Venise par l'extérieur et desservant les lieux culturels et commerciaux importants.

**Ligne N** Service de nuit (nombreux arrêts) qui dessert la Giudecca, le Grand Canal, San Marco et le Lido (23h30-4h, toutes les 40 min environ).

### C'est où ?

Les adresses à Venise portent le nom du *sestiere* (quartier) suivi d'un long numéro et c'est un véritable casse-tête même pour les facteurs. Le guide étant divisé par quartiers, nous avons choisi par commodité d'indiquer le nom de la *calle* (rue) ou du *campo* (place). À l'exception de San Polo et de Santa Croce, traités ensemble dans le guide, où l'indication du quartier demeure.

# Infos pratiques

## Un fil d'Ariane en voyage

Vous êtes ressortissant français ? Pensez à vous enregistrer sur le **portail Ariane** (pastel.diplomatie.gouv.fr/fildariane) du ministère des Affaires étrangères. Ce service gratuit vous permet de recevoir des alertes si la situation le justifie. Crise politique, catastrophe naturelle, attentat... recevez en temps réel des consignes de sécurité lors de votre voyage.

Il existe une application pour les smartphones et les tablettes, intitulée Conseils aux voyageurs.

## Alimentation

Après quelques minutes passées en ville, vous aurez remarqué que l'offre en restauration est immense. Ce qui signifie que le risque de se "faire avoir" est important. Un conseil : évitez les restaurants avec un rabatteur, car dans 9 cas sur 10 la qualité laisse vraiment à désirer. Les bons restaurants à prix moyens sont difficiles à trouver pour cette raison, mais rassurez-vous, les exceptions ne manquent pas. C'est dans les restaurants historiques élégants et les établissements proposant un mariage virtuose entre tradition et innovation que l'on sert aujourd'hui la grande cuisine vénitienne. Dans ce guide, nous avons indiqué pour chaque adresse une catégorie de prix, calculée sur le coût d'un repas complet : entrée (riz ou pâtes), plat et dessert, boissons non comprises.

| | |
|---|---|
| **€** | jusqu'à 20 € |
| **€€** | de 21 à 40 € |
| **€€€** | plus de 41 € |

## Ambassades et consulats

**Consulat de Belgique** (✆ 041 524 2944 ; segreteria@maggioloreis.it ; Dorsoduro 3464)

**Consulat de France** (✆ 041 522 4319 ; agenceconsulairevenise@gmail.com ; Palazzo Morosini, Castello 6140)

**Consulat de Suisse** (✆ 041 522 5996 ; mil.venezia@eda.admin.ch ; Campo di Sant'Agnese, Dorsoduro 810)

## Argent

La carte bancaire est acceptée dans presque tous les hôtels de catégorie moyenne ou supérieure et dans la plupart des restaurants et magasins. En revanche, les B&B demandent souvent le paiement en liquide. Même si les pensions, trattorias et pizzerias n'acceptant pas les cartes sont assez rares, renseignez-vous à l'avance, notamment sur les îles.

Voici les numéros à contacter pour bloquer une carte perdue ou volée, ou pour obtenir plus de renseignements :

### Bientôt une taxe pour entrer dans Venise ?

À compter de juillet 2023, les visiteurs d'un jour devraient payer une taxe d'entrée (*contributo di Accesso*). Le coût devrait varier de 3 € en basse saison à 10 € les jours de grande affluence. Les modalités d'application de cette taxe – plusieurs fois reportée, notamment en raison de l'épidémie de Covid-19 – n'étaient pas encore connues au moment de la rédaction de ce guide. Dans tous les cas, les visiteurs passant au moins une nuit dans la ville et s'acquittant donc déjà d'une taxe de séjour n'auront pas à régler ce nouveau droit d'entrée.

**Amex** (☎06 72 282), **MasterCard** (☎800 870 866) et **Visa** (☎800 819 014).

## Cartes de réduction

L'entrée dans les musées, monuments, galeries d'art et sites archéologiques d'État (à ne pas confondre avec les galeries et musées privés ou municipaux ; voir www.beniculturali.it, onglet "Luoghi della Cultura") est gratuite pour tous les jeunes de l'Union européenne de moins de 18 ans. Sauf pendant les périodes de gratuité, le billet est à 2 € pour les jeunes de l'Union européenne entre 18 et 25 ans. Pour ces mêmes sites, l'entrée est à 1 € (ou gratuite) pour tout le monde lors des nocturnes annuelles.

Lancée par le ministre de la Culture, l'opération **#IoVadoAlMuseo** fixe 20 jours de gratuité durant l'année scolaire dans tous les monuments, musées, galeries, sites archéologiques, parcs et jardins monumentaux. L'entrée des musées et sites d'État est gratuite tous les premiers dimanches du mois, d'octobre à mars. Entre janvier et mars est mise en place la **Settimana Dei Musei**, 6 jours d'accès libre à tous les musées d'État. De plus, chaque institution offre 8 jours supplémentaires de gratuité, en fixant elle-même les dates (voir iovadoalmuseo.beniculturali.it). Pour savoir quelles sont les structures culturelles relevant de l'État, consultez www.beniculturali.it.

L'entrée est également gratuite pour tous, les premiers dimanches du mois (à vérifier sur cultura.gov.it/domenicalmuseo).

Le site de **Venezia Unica** (www.veneziaunica.it) permet d'acheter des cartes de réduction et des bons équipés d'un code-barres pour accéder à divers services touristiques (transfert depuis/vers l'aéroport Marco Polo, parkings, titres de transport ACTV, entrée aux musées et églises, expositions, connexion Wi-Fi) avant le départ, ce qui fait gagner du temps et de l'argent. Ils sont rassemblés dans la carte **Venezia Unica City Pass**, qui s'achète en ligne. Une fois l'achat effectué, vous recevrez par courriel un bon de confirmation indiquant votre PNR (Personal Name Record), un code-barres ou, pour le Wi-Fi, votre mot de passe. Dans les billetteries de l'ACTV ou en insérant votre PNR dans les bornes automatiques, vous retirerez une carte qui vous permettra de bénéficier des services de transport. L'offre est vaste, avec possibilité d'acheter un package ou de le personnaliser :

**City Pass** (www.veneziaunica.it ; tarif 6-29 ans ou 2 adultes et au moins 1 enfant ; 30-64 ans ; plus de 65 ans).

Elle inclut l'entrée dans les musées et les églises, un package complet avec tous les services de transport, y compris ceux desservant les îles de la lagune. Consultez le site pour découvrir l'offre et ses différentes options.

**MUVE Museum Pass** (www.visitmuve.it ; tarif plein/réduit 41/23 € ; valable 6 mois). Ce pass permet d'accéder aux 11 musées municipaux, parmi lesquels ceux de la Piazza San Marco (hors Torre dell'Orologio). En vente également sur www.veneziaunica.it.

**I Musei di Piazza San Marco** (www.visitmuve.it ; tarif plein/réduit 30/15 €, valable 3 mois). Ce billet combiné permet de visiter le palais des Doges (une seule fois), le Museo Correr, le Museo Archeologico Nazionale et les Sale Monumentali della Biblioteca Nazionale Marciana. En vente également sur www.veneziaunica.it.

**Chorus Pass** (www.chorusvenezia.org ;tarif plein/étudiant/famille 12/8/24 €). Permet de visiter 17 églises, valable une année calendaire (les églises concernées sont indiquées dans le guide). En vente également sur www.veneziaunica.it.

- **Rolling Venice**

Disponible en ligne (www.veneziaunica.it) ou aux offices du tourisme et billetteries Venezia Unica, cette carte concerne les touristes de 4 à 29 ans. Valable une année calendaire, ce pass à 6 € donne droit à un prix spécial (33 € au lieu de 45 €) sur le billet touristique ATCV 72 heures Jeunes permettant un nombre illimité de trajets en transports publics et l'obtention de réductions (musées, événements culturels, magasins, restaurants, auberges de jeunesse). Moyennant un supplément, elle permet aussi de bénéficier d'une remise sur le transfert depuis/vers l'aéroport.

- **Autres cartes**

pour les jeunes :

**Carta Giovani Nazionale** (giovani2030.it/iniziativa/carta-giovani-nazionale)

**Hostelling International** (www.hihostels.com ; 20 €)

**European Youth Card** (www.eyca.org)

**International Student Identity Card** (www.isic.org ; 13 €)

**Io Studio – La carta dello Studente** (iostudio.pubblica.istruzione.it)

## Électricité

230 V/50 Hz

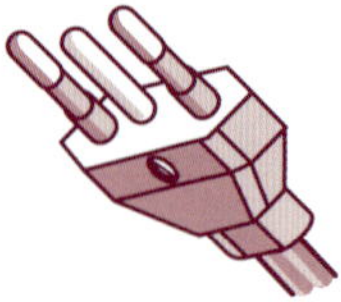

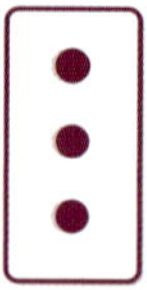

230 V/50 Hz

## Formalités

**Pays membres de l'UE** Carte d'identité ou passeport.

**Suisse et Canada** Passeport ; aucun visa n'est requis pour une visite n'excédant pas 90 jours.

## Handicap

Ponts, escaliers, parapets parfois absents au bord des canaux, équipements insuffisants dans les musées, fondations ou centres culturels : Venise pourrait à juste titre être considérée comme inaccessible aux personnes handicapées. Toutefois, la ville fait peu à peu des efforts pour permettre l'accès à ses principaux monuments et à condition de préparer votre voyage suffisamment à l'avance, il est possible de visiter la ville en évitant les ponts. Venise n'est pas grande, ce qui est un avantage, surtout si vous décidez de vous déplacer majoritairement en *vaporetto*. L'accès à Burano, à Murano, au Lido, à Torcello, à San Francesco del Deserto et à San Servolo est assez aisé.

En outre, la partie sud de la ville est dotée de passerelles qui contournent les ponts. Ainsi, la Fondamenta delle Zattere, la place Saint-Marc et la Biennale sont accessibles en fauteuil roulant.

### Transports publics

- Le meilleur moyen de se déplacer en fauteuil roulant à Venise est le **vaporetto**, équipé d'une rampe d'accès. Pour les personnes à mobilité réduite, un billet spécial permet, pour 1,50 €, de voyager avec un éventuel accompagnateur et d'être assisté lors de l'embarquement et du débarquement (bien informer l'équipage de ses besoins).

### Voyages en avion

- Selon la loi européenne, les aéroports ont l'obligation de fournir assistance aux passagers à mobilité réduite. Si vous en avez besoin pendant votre voyage ou à votre arrivée en Vénétie, signalez-le à la compagnie aérienne au moment de la réservation, pour qu'elle en informe l'aéroport.

### Voyages en train

o La compagnie ferroviaire italienne Trenitalia met à disposition des voyageurs à mobilité réduite un service d'assistance depuis les principales villes du pays. Pour des informations et réservations, composez le **Numéro vert gratuit** (800 906 060 ; 7h-21h tlj), joignable uniquement depuis un téléphone fixe, ou bien le **Numéro unique RFI** (02 32 32 32, tarif normal ; 7h-21h tlj) depuis un fixe ou un mobile, un service réservé aux passagers handicapés et à mobilité réduite. Pour d'autres informations, consultez la page dédiée du site de **Trenitalia** (www.trenitalia.com/it/informazioni/assistenza_alle_personecondisabilitaomobilitaridotta.html). Les personnes voyageant avec la compagnie **Italo** (www.italotreno.it) trouveront des informations dans la rubrique "Viaggiare con Italo". Si vous prenez un train de France, consultez le site de la **SNCF** (www.sncf-connect.com/accessibilite/preparation-voyage-services) ; de Suisse, le site des **CFF** (www.sbb.ch/fr/gare-services/voyageurs-avec-un-handicap.html) ; de Belgique, le site de la **SNCB** (www.belgiantrain.be/fr/travel-info/prepare-for-your-journey/assistance-reduced-mobility).

### Sites utiles

Sur le portail **Venezia Unica** (www.veneziaunica.it/fr/), déroulez le menu à gauche et cliquez sur "Visiter Venise" puis sur "Venise accessible" : vous trouverez nombre d'informations utiles. Sur celui de la **Comune di Venezia** (www.comune.venezia.it/it/content/venezia-accessibile-itinerari-senza-barriere), vous trouverez des itinéraires de visite accessibles en fauteuil roulant. Parmi les autres sites italiens utiles, signalons : **Disabili.com** (www.disabili.com), **LP Tour** (www.lptour.it) et **AccessiblEurope** (www.accessibleurope.com).

Par ailleurs, l'**APF France handicap** (01 40 78 69 00 ; www.apf-francehandicap.org ; 17 bd Auguste-Blanqui, 75013 Paris) peut fournir des informations utiles sur les voyages accessibles. **Yanous** (www.yanous.com), **Handicap.fr** (www.handicap.fr) et **Tourisme et handicaps** (www.tourisme-handicaps.org) constituent également de bonnes sources d'information.

## Heures d'ouverture

Les billetteries des musées ferment généralement 30-45 minutes avant le site lui-même. Comptez 1 heure avant pour les cuisines de restaurant. Sauf indication contraire, les horaires d'ouverture indiqués dans le guide sont valables tous les jours de la semaine.

## Homosexualité

L'homosexualité est particulièrement bien

acceptée à Venise et en Vénétie. Vous y trouverez un groupe associatif très actif, **Stonewall Venezia** (www.facebook.com/StonewallVeneziaLGBTQIA). **Arcigay** (www. arcigay.it), l'organisation nationale, fournit par ailleurs des renseignements sur le monde LGBT en Italie. Avant votre départ, vous pouvez consulter le site d'un tour-opérateur spécialisé **Quiiky** (www.quiiky.com) et le portail **Gay.it** (www.gay.it) qui répertorie les événements dans tout le pays. Il y en a toutefois peu à Venise. La scène nocturne gay et lesbienne est beaucoup plus animée à Padoue, où est implantée l'organisation **Arcigay Tralaltro** (☎049 876 24 58 ; www.tralaltro.it ; Corso Garibaldi 41 ; ⏲21h-23h mar).

## Internet

L'accès à Internet via le réseau Wi-Fi est largement disponible dans les bars, les restaurants et les hôtels. La mairie de Venise a mis en place **VeniceConnected** (https://wifi.comune.venezia.it/register.php) pour permettre aux habitants d'avoir accès à Internet via des hot spots publics et aux touristes d'acheter des services en ligne sur le site de **Venezia Unica** (www.veneziaunica.it).

## Jours fériés

Certains jours fériés peuvent affecter les horaires d'ouverture et les transports, notamment :

**Capodanno/Anno Nuovo** (jour de l'An) 1er janvier

**Epifania/Befana** (Épiphanie) 6 janvier

**Pasquetta/Lunedì dell'Angelo** (Pâques et lundi de Pâques) mars/avril

**Giorno della Liberazione** (jour de la Libération) 25 avril

**Festa del Lavoro** (fête du Travail) 1er mai

**Festa della Repubblica** (fête de la République) 2 juin

**Ferragosto** (Assomption) 15 août

**Ognissanti** (Toussaint) 1er novembre

**Immaculata Concezione** (Immaculée Conception) 8 décembre

**Natale** (Noël) 25 décembre

**Festa di Santo Stefano** (Saint-Étienne) 26 décembre

## Offices du tourisme

**Venezia Unica** (www.veneziaunica.it) gère les bureaux d'accueil et d'information touristique (IAT) à l'aéroport, à la gare et dans divers points de la ville (les horaires indiqués concernent le service information, les billetteries ont des horaires plus restreints). Vous y trouverez notamment des plans de la ville, le Venezia Unica City Pass (p. 213), des titres de transport, etc.

**IAT Aéroport** (salle des arrivées, aéroport Marco Polo, Tessera-Venezia ; ⏲8h-19h)

**IAT Piazza San Marco** (plan p. 54, G5 ; Piazza San Marco 71f ; ⏲9h-19h)

**IAT Piazzale Roma** (plan p. 134, A4, à côté de l'arrêt du vaporetto Ferrovia (Scalzi) ; ✆ 041 272 22 83 ; 🕑 7h-20h)

**IAT Stazione FS Venezia Santa Lucia** (plan p. 128 ; quai 2 ; 🕑 7h10-21h)

L'**Associazione Amici dei Musei e Monumenti Veneziani** (plan p. 111 ; ✆ 041 244 00 10 ; www.amicideimuseivenezia.it ; Palazzo Mocenigo, Santa Croce 1992) et son site Internet vous seront très utiles car certains monuments ne sont que très rarement ouverts, à l'occasion d'événements particuliers ou selon les périodes.

## Poste

- **Bureau de poste** (Marzaria San Salvador 5106, San Marco ; 🕑 8h20-19h05 lun-ven, 8h20-12h35 sam). Dans le centre historique.

## Santé

N'oubliez pas d'emporter votre carte européenne, indispensable pour recevoir des soins médicaux. Les citoyens suisses ont droit à une assistance médicale gratuite (mais doivent s'acquitter du tiers payant ou autre participation aux frais) pour la majorité des soins délivrés dans un établissement public, en présentant la carte LAMal. Pour les urgences, adressez-vous au Pronto Soccorso (urgences) d'un grand hôpital. Le standard téléphonique regroupant tous les hôpitaux est le ✆ 041 965 71 11.

- **Ospedale Civile SS. Giovanni e Paolo** (✆ 041 529 41 11 ; Castello 6777). Le principal hôpital de la ville ; à 10 min à pied du Rialto.
- **Ospedale dell'Angelo di Mestre** (✆ 041 965 71 11 ; Via Paccagnella 11)
- **Servizio di Continuità Assistenziale** (Médecins de garde ; ✆ 041 238 56 00 ; 🕑 20h à 8h tlj, 10h-20h veille de jours fériés, 8h-20h jours fériés)
- **Punto di Primo Intervento del Lido di Venezia** (premiers soins au Lido ; ✆ 041 529 54 00) et **Punti di Primo Soccorso**

### Pas d'impairs

- Marchez sur la droite dans les ruelles étroites pour laisser passer les gens sur la gauche.
- Proposez votre aide aux personnes qui doivent franchir les ponts avec leur poussette ou leurs bagages.
- Dites *buongiorno* (bonjour) et *grazie* (merci) quand vous demandez votre direction à un Italien. Tout le monde se perd à Venise, pas de panique, mais restez poli.
- Goûtez votre plat avant de l'assaisonner. Pour les Vénitiens, c'est une hérésie d'ajouter parmesan, citron ou poivre sur des fruits de mer.

**di Venezia** (premiers soins ; ✆ 041 296 07 84 : place Saint-Marc).

Les pharmacies ouvrent de 8h30 à 12h30 et de 16h à 20h du lundi au vendredi, de 9h à 12h le samedi. La liste des pharmacies de garde est consultable à l'adresse www.farmacistivenezia.it, et tous les jours dans les journaux *Il Gazzettino* et *La Nuova di Venezia e Mestre*.

## Sécurité

- **Précautions** Venise connaît un faible taux de criminalité ; mais prenez les précautions d'usage là où il y a du monde.
- **Enfants** Certains hébergements historiques, sites et bateaux ne sont pas adaptés aux enfants ; renseignez-vous et vérifiez les conditions d'âge requises avant de réserver.
- **Montée des eaux** Pour savoir s'il y a des alertes d'*acqua alta*, surveillez les prévisions des marées à 48 heures du **Centro Maree** (www.comune.venezia.it/it/content/notifiche-centro-maree). La sirène retentit quand une *acqua alta* risque d'atteindre la ville dans les 2 à 4 heures.

## Téléphone

### Téléphone portable

Le réseau est compatible avec le réseau français. Les téléphones GSM et tribandes fonctionnent. Pour un séjour prolongé, il peut être avantageux d'acheter une carte SIM.

## Indicatifs

- Indicatif de l'Italie : ✆39
- Indicatif de Venise : ✆041

## Appels internationaux et en Italie

**Appels à l'étranger depuis l'Italie**
Composez ✆00, l'indicatif du pays (✆33 pour la France, 32 pour la Belgique, 41 pour la Suisse et 1 pour le Canada) et le numéro de votre correspondant sans l'éventuel 0 initial.

**Appels à Venise depuis l'étranger**
Composez le code d'accès international en vigueur dans le pays, suivi du ✆39 (indicatif de l'Italie), du ✆041 (indicatif de la ville de Venise), puis du numéro de téléphone.

**Appels d'Italie vers des portables italiens**
Composez l'indicatif à trois chiffres du mobile, suivi du numéro de téléphone (sans l'indicatif de la ville).

## Urgences

- **Ambulance** (✆118)
- **Gendarmes** (✆ 112)
- **Assistance routière** (✆803 116 ACI, ✆800 116 800 ACI depuis un mobile étranger ; ✆803 803 Europ Assistance)
- **Médecins de garde** (041 238 56 00)
- **Police** (✆041 274 70 70)
- **Pompiers** (✆115)

# Langue

Les Vénitiens apprécient que l'on fasse l'effort de parler quelques mots de leur langue, même de façon très imparfaite. Les variantes linguistiques sont une composante forte de l'identité régionale italienne, mais vous n'aurez aucun mal à vous faire comprendre où que vous alliez si vous utilisez un italien "standard", tel que celui présenté dans ce chapitre.

L'italien oral ne pose pas de grosses difficultés car, à l'exception du *r* roulé, tous ces sons existent en français et toutes les lettres écrites se prononcent, y compris les doubles consonnes. Le seul problème que peuvent rencontrer les francophones concerne l'accent tonique, dont la position varie. Dans ce chapitre, nous indiquons en italique la syllabe accentuée.

Pour aller plus loin lors de votre voyage, procurez-vous le **Guide de conversation italien** de Lonely Planet.

## Expressions courantes

**Bonjour.**
*Buongiorno.* — bwon·*djor*·no

**Au revoir.**
*Arrivederci.* — ar·ri·vé·*der*·tchi

**Comment allez-vous ?**
*Come sta?* — *ko*·mé sta

**Bien. Et vous ?**
*Bene. E Lei?* — *be*·né é leï

**S'il vous plaît.**
*Per favore.* — per fa·*vo*·ré

**Merci.**
*Grazie.* — *gra*·tsié

**Excusez-moi.**
*Mi scusi.* — mi *skou*·zi

**Désolé.**
Mi dispiace. — mi dis·*pia*·tché

**Oui./Non.**
*Sì./No.* — si/no

**Je ne comprends pas.**
*Non capisco.* — *nonn ka·pi·sko*

**Parlez-vous français ?**
*Parla francese?* — *par·la frann·tché·zé*

## Au restaurant

**Je voudrais...**
*Vorrei...* — vor·*rèï*...

**un café**
*un caffè* — *ounn ka·fè*

**une table**
*un tavolo* — *ounn ta·vo·lo*

**le menu**
*il menù* — *il me·nou*

**deux bières**
*due birre* — *dou·é bir·ré*

**Que me conseillez-vous ?**
*Cosa mi consiglia?* — *ko·za mi konn·si·lia*

**Bon appétit !**
*Buon appetito!* — *bwon ap·pé·ti·to*

**C'était délicieux !**
*Era squisito!* é·ra skoui·zi·to

**Santé !**
*Salute!* sa·lou·té

**Donnez-moi l'addition, s'il vous plaît.**
*Mi porta il conto, per favore* mi por·ta il konn·to pèr fa·vo·ré

## Shopping

**Je voudrais acheter...**
*Vorrei comprare...* vor·rèï komm·pra·ré...

**Je regarde juste.**
*Sto solo guardando.* sto so·lo gouar·dann·do

**Combien ça coûte ?**
*Quanto costa questo?* kouan·to kos·ta koué·sto

**C'est trop cher.**
*È troppo caro/cara. (m/f)* è trop·po ka·ro/ka·ra

## Urgences

**Au secours !**
*Aiuto!* a·you·to

**Appelez la police !**
*Chiami la polizia!* kia·mi la po·li·tsi·ya

**Appelez un médecin !**
*Chiami un medico!* kia·mi oun mé·di·ko

**Je suis malade.**
*Mi sento male.* mi sèn·to ma·lé

**Je suis perdu(e).**
*Mi sono perso/per·sa* mi so·no per·so/persa. (m/f)

**Où sont les toilettes ?**
*Dove sono i gabinetti?* do·vé so·no i ga·bi·nét·ti

## Heure et nombres

**Quelle heure est-il ?**
*Che ora è?* ké o·ra è

**Il est (2h).**
*Sono le (due)* so·no lé (dou·é)

**matin**
*mattina* mat·ti·na

**après-midi**
*pomeriggio* po·mé·ri·djo

**soir**
*sera* sé·ra

**hier**
*ieri* ié·ri

**aujourd'hui**
*oggi* o·dji

**demain**
*domani* do·ma·ni

| | | |
|---|---|---|
| **1** | *uno* | *ou·no* |
| **2** | *due* | *dou·é* |
| **3** | *tre* | *tré* |
| **4** | *quattro* | *koua·tro* |
| **5** | *cinque* | *tchinn·koué* |
| **6** | *sei* | *séï* |
| **7** | *sette* | *sét·té* |
| **8** | *otto* | *ot·to* |
| **9** | *nove* | *no·vé* |
| **10** | *dieci* | *dié·tchi* |
| **100** | *cento* | *tchèn·to* |
| **1 000** | *mille* | *mil·lé* |

## Transports et orientation

**Où est... ?**

| | |
|---|---|
| *Dov'è...?* | *do·vè...* |

**Quelle est l'adresse ?**

| | |
|---|---|
| *Qual'è l'indirizzo?* | *koua·lé linn·di·ri·tso* |

**Pouvez-vous me montrer (sur le plan) ?**

| | |
|---|---|
| *Può mostrarmi (sulla pianta)?* | *pouo mos·trar·mi (soul·la piann·ta)* |

**À quelle heure part le... ?**

| | |
|---|---|
| *A che ora parte...?* | *a ké o·ra par·té...* |

**S'arrête-t-il à... ?**

| | |
|---|---|
| *Si ferma a...?* | *si fer·ma a...* |

**Comment puis-je m'y rendre ?**

| | |
|---|---|
| *Come ci si arriva?* | *ko·mé tchi si ar·ri·va* |

| | | |
|---|---|---|
| **bus** | *autobus* | *aou·to·bous* |
| **ticket** | *biglietto* | *bi·liét·to* |
| **horaire** | *orario* | *o·ra·rio* |
| **train** | *treno* | *tré·no* |

# En coulisses

## Vos réactions ?

Vos commentaires nous sont très précieux pour améliorer nos guides. Notre équipe lit vos lettres avec la plus grande attention et prend en compte vos remarques pour les prochaines mises à jour. Pour nous faire part de vos réactions, prendre connaissance de notre catalogue et vous abonner à notre newsletter, consultez notre site Internet : **www.lonelyplanet.fr**.

Nous reprenons parfois des extraits de notre courrier pour les publier dans nos guides ou sites Web. Si vous ne souhaitez pas que vos commentaires soient repris ou que votre nom apparaisse, merci de nous le préciser. Notre politique en matière de confidentialité est disponible sur notre site Internet.


## Un mot de l'auteur

Mes remerciements les plus vifs à toute la rédaction. En particulier à Silvia Castelli, Luisella Arzani, Angelo Pittro, Silvia Amigoni et Annalisa Bruni. Merci aussi à ma ville de Venise. Grâce à ses monuments et à sa beauté, mais aussi à ses habitants, elle est parvenue à me rendre à nouveau amoureux. Un grand merci à ceux qui résistent, à ceux qui persévèrent, à ceux qui cultivent l'ambition et l'espoir, à ceux qui se battent contre des moulins à vent, mais surtout, à ceux qui vivent à Venise et sur les îles de la lagune qui n'existeraient pas sans eux. À Chiara, Elio et Dora, Vénitiens par choix et de naissance, merci pour tout cela et pour bien plus encore.

## À nos lecteurs

Merci aux voyageurs qui ont utilisé la dernière édition du guide et nous ont fait part de leurs suggestions et de leurs anecdotes : Arnaud Granjean, Antoine Messineo, Julie Rouillard.

## Crédits photographiques

Couverture : L'île de Murano. Yasonya / Shutterstock ©

## À propos de cet ouvrage

Cette 6e édition française du guide *Venise en quelques jours* a été traduite et adaptée de la 6e édition de *Venezia Pocket* en italien, rédigée par Piero Pasini.

**Traduction** Isabelle Dubois-Eberle et Maïa Rosenberger

**Direction éditoriale** Dominique Bovet

**Coordination éditoriale** Sophie Senart

**Responsable prépresse** Jean-Noël Doan

**Maquette** Caroline Donadieu

**Cartographie** Cartes adaptées en français par Caroline Sahanouk

**Couverture** Laurent Briard

**Merci à** Clara Latriglia pour sa préparation du texte, à Sylvie Rabuel pour sa relecture attentive des épreuves et à Stéphanie Rian du bureau parisien.

# Index

Voir aussi les index des rubriques :

Se restaurer p. 226
Prendre un verre p. 227
Sortir p. 227
Shopping p. 227
Activités p. 227



Références des **sites**
Références des **plans**

Références des **sites**
Références des **plans**

## Prendre un verre



## Sortir



## Shopping



## Activités

# L'auteur

## Piero Pasini

Piero est né en 1980 à Venise, une ville dont chaque pierre exhale le passé et se fait l'écho de voyages lointains. Cette empreinte l'a marqué pour toujours, si bien qu'aujourd'hui, il est journaliste de voyage, auteur de guides pour Lonely Planet et accompagnateur. Il écrit aussi des articles sur l'histoire pour des magazines et continue à cultiver la passion qui l'a conduit à obtenir un doctorat en histoire, à donner des conférences et à enseigner pendant plusieurs années dans des universités italiennes et étrangères. Lorsqu'il est chez lui, il pratique et enseigne les arts martiaux, étudie le serbe et réfléchit à sa prochaine destination.



**Venise en quelques jours**
6e édition
Traduit et adapté de l'ouvrage *Venezia Pocket, 6a edizione italiana, gennaio 2023*


92 avenue de France - 75013 Paris



Dépôt légal Mai 2023
ISBN 978-2-81619-569-9
Imprimé par ESTIMPRIM, Autechaux, France
Réimpression 02, mai 2024

En Voyage Éditions | un département édi8

# martine

## princesses et chevaliers

Texte de Jean-Louis Marlier

d'après les albums de Gilbert Delahaye et Marcel Marlier

casterman

Le village est en ébullition !
Demain, c'est le jour de
la grande fête médiévale.
Martine s'occupe
des décorations.

— Regarde où tu mets
les pattes, Patapouf !
lui dit-elle.

Ensuite, Martine termine la couture de sa robe de princesse avec Maman.

– Je n'ai pas l'air trop ridicule ? s'inquiète Papa.

Martine ne peut pas s'empêcher de rire !

Le grand jour est arrivé !
Patapouf ne comprend pas
ce qu'il se passe.

– Pourquoi cette charrette ? Pourquoi ces déguisements ? demande-t-il à Martine.

– Nous voyageons dans le Moyen-Âge ! répond sa maîtresse.

Tout est prêt pour ce grand voyage dans le temps : plus de bruits de moteurs ni de klaxons ! Même les panneaux routiers disparaissent sous un grand drap blanc.

– C'est la rue que je vois tous les jours, dit Martine, mais rien n'est pareil !

Sur la place du marché,
l'écrivain public propose
des calligraphies.
– Pourriez-vous écrire mon
nom avec cette plume ?
demande Martine.

Un peu plus loin, Martine reconnaît le potier : c'est Bernard, le banquier qu'elle croise d'habitude en chemise blanche et cravate.

– Souhaitez-vous un joli pot ? Ou une cruche ?

En se retournant, Martine bute contre une armure.

– Pardon, Monsieur ! dit-elle, confuse.

– Il n'y a personne là-dedans, se moque Patapouf.

– Bien le bonjour, gente damoiselle ! dit une voix derrière Martine.
C'est Cédric ! Il a fière allure dans son costume de prince.

– M'accordez-vous cette danse ? demande-t-il. Martine n'attendait que cela, et virevolte au son des instruments.

Après la danse, place au tir à l'arc.

– C'est difficile de tendre cette corde, dit Martine.

La flèche prend son envol... mais retombe aussi vite !

Plus loin, on se bat à l'épée...

– Je sais que c'est un combat pour rire, dit Martine, mais c'est impressionnant !

Les épées s'entrechoquent, et le meilleur remporte le combat.

Envahissant la place, les jongleurs mettent fin à la bataille.

– Deux boules, c'est fastoche, remarque Martine, mais trois, c'est plus compliqué.

– Et cinq, c'est beaucoup trop, plaisante Cédric.

– Tiens, une joute équestre, remarque Cédric.

Pour l'encourager, Martine attache à la lance le ruban de sa coiffe, comme les vraies princesses.

Elle observe Cédric : il tente
de toucher le bouclier du
mannequin tout en maîtrisant
son cheval. Il manque
de tomber, mais évite
le choc de justesse !

– Tu es mon héros !
lui dit Martine.

La nuit est tombée sur
la fête.
Au-dessus du feu, gigots
et cochons de lait cuisent
doucement. **MMh !**

Des baladins s'en viennent conter leurs fables.

Martine et Cédric sont fascinés !

Les deux amis partagent
un dernier jus de pomme en
se remémorant leur journée.
– J'avais presque oublié le
vrai monde, soupire Martine.
Dommage, demain, tout sera
redevenu comme avant.
– En attendant, profitons des
derniers instants, dit Cédric.
Santé !

# Titres disponibles

1. **martine** petit rat de l'opéra
2. **martine** un trésor de poney
3. **martine** apprend à nager
4. **martine** un mercredi formidable
5. **martine** la nouvelle élève
6. **martine** a perdu son chien
7. **martine** à la montagne
8. **martine** fait du théâtre
9. **martine** et la sorcière
10. **martine** en classe de découverte
11. **martine** se dispute
12. **martine** déménage
13. **martine** et le cadeau d'anniversaire
14. **martine** monte à cheval
15. **martine** la nuit de noël
16. **martine** est malade
17. **martine** fait les courses
18. **martine** drôle de chien
19. **martine** et les lapins du jardin
20. **martine** en bateau
21. **martine** à la mer
22. **martine** et les fantômes
23. **martine** au pays des contes
24. **martine**, princesses et chevaliers
25. **martine** à la maison
26. **martine** et les chatons
27. **martine** à la fête foraine
28. **martine**, l'arche des animaux
29. **martine** garde son petit frère
30. **martine**, la leçon de dessin
31. **martine** et le petit âne
32. **martine** fait du vélo
33. **martine** dans la forêt
34. **martine** et les marmitons
35. **martine** au cirque
36. **martine** en voyage
37. **martine** la surprise
38. **martine** baby-sitter
39. **martine** fait du camping
40. **martine** et le petit moineau
41. **martine** se déguise
42. **martine** protège la nature
43. **martine** fait de la musique
44. **martine** prend le train
45. **martine** en vacances
46. **martine** en montgolfière
47. **martine** au zoo
48. **martine** et le prince mystérieux
49. **martine** en avion
50. **martine** fête maman
51. **martine** à la ferme
52. **martine** et les quatre saisons
53. **martine**, vive la rentrée !
54. **martine** fait la cuisine
55. **martine** au parc
56. **martine** fait de la voile